JN440239

민병완 시집

허무 메우기

문학사계

머리말

저에겐 복사꽃 시절에 쓴 일기장이 있습니다. 군데군데 얼룩지고 추억이 숨 쉬는 누런 마분지 공책입니다. 그렇게 잠만 자는 일기장을 깨워서 맛깔스런 글로 승화시키고 싶었습니다. 어떻게 하면 내 가슴속에 꿈틀대는 이야기들을 끄집어내어 독자들과 함께 공유할 수 있을까 하는 생각이었습니다. 어제는 매서운 겨울을 노래했다면 오늘은 따뜻한 봄을 노래하고 싶습니다.

돌이켜보면 어리석게도 시를 썼던 시간보다 시가 손사래 치며 도망칠까 두려워 좌불안석이었던 날들이 더 많았던 것 같습니다. 그러나 그냥 흐르는 대로 운율을 살려 쓰려고 합니다. 글쓰기에도 커다란 벌판이 있다고 합니다. 그래서 저는 서두르지 않고 여유 있게 쓰려고 합니다. 허허벌판을 철저하게 헤맨 다음에라야 나만의 방식을 찾을 것 같아서입니다.

이 시편 속에는 제 작뼈가 굵은 고향, 빈평생을 가난과 싸우시면서 7남매를 홀로 키우며 고생하시다 저 세상으로 가신 친정어머니를 그리는 글이 있습니다. 또 한 분은 스물 다섯의 청상으로 3대독자 외아들에 의지하고 사시던 시어머니입니다. 한많은 세월을 사시다 1년 전에 89세를 일기로 하늘나라의 부름을 받으셨습니다. 38년 동안 모시고 살면서 미운정 고운정이 들어서인지 지금도 그 분이 제 마음 속에 그대로 계십니다. 이 시집을 두 분 어머니께 먼저 올리고자 합니다.

시작이 반이라는 말처럼 늦깎이로 입문한 문학 세계, '하룻강아지 범 무서운 줄 모른다'는 말처럼 시밭에 흙을 고르기도 전에 겁도 없이 시집을 상재하는 마음이 두렵고 떨립니다. 부족한 글이지만 독자들의 마음에 공감이 가고 울림이 되었으면 좋겠습니다.

끝으로 이 자리에 오기까지 꼼꼼히 작품 지도를 해주신 황송문 교수님과 그동안 지도와 격려를 아끼지 않으신 손옥자, 오봉옥 교수님께 심심한 사의를 표합니다. 묵묵히 지팡이가 되어준 남편과 애들에게도 고마움을 전하며, 힘찬 발돋움의 기회를 주신 모든 분들께 감사를 드립니다.

2012년 시발 언저리에서

계령 민병완

민병완 시집 | 차례

2부 주름살 밭고랑

3부 젖은 발

5부 은발의 골수염

1부 품어 안기

생살 찢는 고통 없이
어찌 꽃을 피우랴
눈물 삼킨 인내 없이
어찌 봄 햇살 바라보랴

품어 안기

감나무 아래 홍시 떨어지는 텃밭
배추 포기마다 가슴 활짝 열어
밤새 내린 찬이슬 토해내고
하얀 입김도 뿜어내네

풀 먹인 옥양목처럼
파랑파랑 벌어진 잎들
뽀얀 앞가슴 여미고
지푸라기로 가슴도 묶어 주지

포기마다 보듬어 안고 사랑할 때
마음의 자유천지도
노랗게 알찬 속살로 채워진다고

싱싱한 웃음으로 마당을 메우고
감싸 안고 안긴 것들의 미소
내 용량껏 안아 주려네
품어안고 안아 채워질 때까지

공원 앞뜰엔

얼마나 기다렸던가
마른기침 콜록이는 빈 가지
심약한 마음에 싱그런 봄 향기
하얀 웃음 환해질 때를

붉은 울음 한 웅큼
간밤 꽃샘추위에 밀려나
시나브로 발버둥 치던 꽃잎
몇 날 몇 밤을 그렇게

생살 찢는 고통 없이
어찌 꽃을 피우랴
눈물 삼킨 인내 없이
어찌 봄 햇살 바라보랴

공원 앞뜰에
길가는 나그네 잡아끌어
푸른 꿈 수 놓고 싶은 눈빛
봄의 교향악이 울려 퍼지네.

다리미

태어날 때부터 팔다리가 없고
눈 코 입도 없이 오직 몸통으로만
뭉기적이며 살아야 하는 그녀
엉덩이를 홀라당 까 내리곤
허연 속살 드러내곤
실룩샐룩 몸 흔들어대며
어느 사내 홀리러가려는지

햇님이 다녀간 뽀삭한 길은
실크 엉덩이의 애교에 손사래 친다
이슬비 촉촉히 다녀간 뒤를 따라
사뿐사뿐 지나노라면
그녀의 음치노래 절로 나온다

오늘도
그녀는 사내의 올올이 엮인 셔츠와
마음 속 주름까지 올 곧은 시선으로
바짓가랑이 부여잡고
찰지게 찰지게 펴준다.

시어詩語 이삭줍기

김이 모락모락 나는
별미 밥 한 솥 짓겠다고
말복에 땀띠 숨긴 채
허위허위 쌀 사러가네

도서관 모퉁이
시집을 품에 안고
반짝이는 초록 알갱이들
하루 종일 탁탁 털었지

해묵은 시구詩句들
벼 이삭처럼 줍는 날이면
운수대통하듯 귀갓길은 행복했네

어둠을 밝히는 별들은 알까
춤추며 날아갈 것 같은 심성으로
돌아가는 귀갓길의 휘파람을.

자주색 가방

방구석에서 우는 가방을 보네
군데군데 헤지고 탈색된
자주색 가방

지아비가 호시절에
생일선물로 사다준 가방
어떻게 걸어온 길인지
얼마나 소태의 눈물 흘렸는지
깊은 사연 말할 수가 없네

가방, 지금은
입을 꾹 다물고
긴 터널을 부지런히 오가다
두꺼워진 세월의 나이테
조강지처처럼 새파란 시절에 만나
변덕 부리지 않고
제 수명 다 하도록 함께 왔네

이제는 누구도 쳐다보지 않는
강정처럼 텅 빈 속
살가죽은 늘어지고

기억은 저 멀리……

한 얼굴이 나오네
더 어둡게 앉아 있는 가방 속에서

허무 메우기

실타래 풀어 베를 짜듯
빨간 털실을 한 코 두 코 대바늘에 꿰어
뚫린 가슴을 촘촘히 메워갑니다.

연인들이 밀고 당기는 사랑의 묘약처럼
실을 알맞게 당겨서 코에 걸고는
먹였다 놨다 곱게 짜여진
씨실과 날실들로 겨울을 감싸갑니다.

선 곱게 새 살 차오르듯
한 코 두 코 짜 올리면서
부드러운 관계를 팽팽한 능선으로
탄력 있게 긴장을 늦추지 않습니다.

가녀린 대바늘로
당신을 꼼꼼히 채워가면서
삶의 빈 자리를 하나씩 메워갑니다.

연못 속에는

연못 속에는
청둥오리들이 살고 있다.

부리를 흔드는 수다
젖은 날개 안으로 떨며
심장을 동여매고
파문이 일도록 꼬리치는
파리 손으로 비벼대는가 했더니
어느새 발만 내민다.

허튼소리 쏟아내는
무리들이 꽥꽥거리며 거리로 나섰다.

거리엔 물대포, 쇠파이프, 아스팔트 위에
쏟아지는 최루탄

쑥쑥 자라는
청보리 밭 뜯어먹는
오물로 얼룩진 오리들이여.

버려진 양심

아파트 앞마당에서
경비원이 버려진 양심을 쓸어 담는데
사방팔방 흩어진 양심의 파편들
거리로 나와 뒹굴고 있다.

너덜너덜 걸레로 짓밟히는 것들
버려진 담배꽁초의
이유 없는 반항의 양심까지
아파트를 어지럽히고 있다.

대가 센 양심은 가시를 드러내고
물렁한 것들은 몸을 움츠릴 때
발 빠른 것들은 눈 속에 숨는다.

오늘같이 매서운 날에도
여기저기 널려 있는 양심들
경비원은 계속 쓸어 담는다.

경로당에서

긴 잠에서 깨어난 누에들처럼
삼삼오오 이마를 맞대고
세상의 쓴 소리 갉아대며
가랑비 소리를 내고 있다.

숨 가쁘게 넘어온 고갯길
바위틈에 뿌리 내린 억척들
가뭄에 목마른 따비밭같이
이마에 골은 깊이 패이고
패인 골마다 박힌 삶의 파편들
휘청이는 몸 가누어 세운다.

초록시절
명주 비단 짜지는 못했어도
꿋꿋이 견뎌 온 세월
뽕나무 한 매처럼 노을이 곱다.

봉선화

고향집 담장 아래
장맛비 흠뻑 뒤집어 쓴 채
화단 복판에 맨발로 서있었지

한 웅큼씩 따다
백반가루 고루 섞어 찧으면
톡톡 터지는 붉은 울음
유년의 강이 흐르고

아주까리 잎새에
굵은 무명 실로 조심조심
새끼손가락에 칭칭 동여매곤
뜬눈으로 하얗게 밤을 지샜지

손톱에 봉숭아 꽃물들이면
저승길이 밝다고
할머니 손에 꽃물 들여 주시던
어머니가 저만치서 오시네.

장롱

이사할 때마다
생채기가 나고 옹이가 생겼다.

다정한 습관이 쌓일 때마다
서랍에서는 구멍 난 양말이 흘러나왔다.

그새 푸르름은 가시고
풍을 맞은 듯 기우뚱하는 몸체

어느 날 갑자기 새 제품에 밀려
안방에서 건넌방으로
퇴출당하듯 떠밀린 후

있어도 없는 척
부족해도 족한 척

칼로 물 베는 부부처럼
금이 갔다가도 다시 아물고
강하고도 탄력 있는 몸매
광채는 없어도 포근하다.

강의실에서

시의 향기 진동하는 강의실
문을 열고 들어서기 두렵다
두 눈 부릅뜨고 은빛 날 세워도
얽혀 있는 한 올의 매듭 풀지 못한 채
고뇌의 가슴앓이 강물 되어 흐른다.

떠도는 시어들 바람에 스치다
물고기같이 톡톡 튀어 올라도
피라미 하나 건져 낼 수 없는
허기진 투망질
찢겨진 그물을 소유한 슬픔

비릿한 시어
몇 개 집어넣고
가슴속 불꽃 위에 밤새도록 끓여도
얼큰한 매운탕 한 그릇
담아내지 못하지만

시간 핥아가며
영혼을 살찌우는 단어를 줍는 일은
생의 유일한 기쁨, 행복

시의 종자 꽃 피우기 위해
열정의 몸부림으로 뒹굴련다.

엄니 가슴은

목마른 다랑이 논에 고개 숙인
초련 벼 훑어다가
갓 찧은 쌀 한 말 이고
동구 밖을 돌고돌아
온양온천 오일장 다녀오신 엄니
검정 고무신, 동동구리무
뽀뿌링 원피스도 사오셨지

오랜만에
허옇게 눈 흘긴 동태 몇 토막
무 범벅 찌개 저녁상에 둘러 앉아 먹고 있는데
삐죽삐죽 울먹이는 동생

– 언니 것만 사오고 내 것은 왜 없능겨
– 너는 성아 것 물려 입어야 명도 길고 건강하게 크능겨

아프게 한마디 던져 놓고
슬며시 밖으로 나와
동생의 징징대는 소리 들으며
댓돌 위에 찢어진 검정 고무신

얼기설기 꿰매고 있는
울 엄니의 찢어진 가슴은
무엇으로 꿰매나

업감業感

두꺼운 업을 다 벗고
날아가는 저 기러기는
얼마나 좋을까

토방의 강아지들도
삼천대천세계를 지나
이 세상에 태어난 거겠지

지는 목련도 윤회를 하여
업장의 그물에서
헤쳐 가는 거겠지

그런데 나는 왜 아직도
업의 도가니에서
벗어나지 못하는 걸까

얼마나 더
먼지 털고 나서
마음 비워야
벗어날 수 있을까

누구일까

전철을 타려는데
누군가 자꾸 내 발을 붙잡고 늘어진다
모른 체하고 얼른
발 하나를 옮기려는데
기어코 마저 붙들고 통사정이다

난 전철을 놓치고 뒤를 돌아봤다
애원하는 이가 누구일까
울고 있는 이는 누구일까
무슨 사정이 있기에
이다지도 나를 끈질기게 붙잡는 걸까

길바닥에 내동댕이 쳐져
납작 엎드려 있다가
틈새를 노려
찰거머리로 달라붙는

누군가에게 오랜 동안 잘근잘근
씹히다가
짓이겨지다가
버려진
껌

햇살에 반짝이는 모음들

창호지 찢겨진 틈 비집고
맨발로 들어온 햇살
하얗게 웃으며
냉골에 몸을 뉘이고
퍼질러 앉아 기지개를 켠다.

라디오에서 흐르는
음악에 맞춰 어깨를 들썩이며
아궁이에 군불도 지핀다.

아랫목에 배를 깔고
하오의 햇살에 반짝이는 모음과
사방에서 달려온 문자들 손을 잡고
원고지 칸칸마다 또박또박 채운다.

찔레꽃 붉게 피는 남쪽나라 내 고향
흥얼흥얼 노래 부르며
나도 누구에겐가 햇살이 되어간다.

2부 주름살 밭고랑

장독대에 물 한 사발 떠놓고
촛불 합장, 자식 위해 두 손 비는
당신의 기도는 사랑이었습니다.

잃어버린 고향

코흘리개 시절
보릿고개 가난은 주홍빛 눈물이었네
단발머리, 광목치마 펄럭이며
허기를 뛰어 넘던 골목길 찾았더니

뒷동산 누렁이 간 곳 없고
산새들 노래도 멎어
한 짐 지게에 주름살 짊어진 눈빛
애타게 찾아도 찾을 수 없네

시멘트 포장길
하늘 찌르는 고층 아파트 사이
유년의 노래는 떠돌고 있지만
이리저리 둘러봐도 낯선 눈동자뿐

호롱불 심지 밝히던 어미의 영혼 만나
잃어버린 고향임을 확인하고 돌아올 때
붕 뜨던 발길이 힘을 잃고 맥 풀리며
온 삭신에서 천둥소리 들리네.

울 엄니

고향 장터에 가면
지금도 울 엄닌 좌판을 벌이고 있지
웃음 속에 아픔을 감춘
시뻘건 울음소리
시장 구석구석에 배어 있지

반평생, 두부장수로
한 푼 두 푼 벌기 위해
땅거미 검게 내려앉을 때까지
꺾어진 허리 곧추세우고 있었지

병아리 같은 칠남매
팔 다리에 매달린 가난의
비웃는 웃음에
옥죄이는 숨 헐떡이던 엄니

고향 장터에 가면
어느새 귀밑머리 가을이 온
큰 딸년, 엄니의 삶 더듬는다
아직도 이승의 좌판을 지키는 울 엄니

엄니의 기일忌日

자시子時가 제주祭酒를 일으킵니다
생전에 당신이 좋아하시던
음식들을 푸짐하게 차려 놓고
육 남매는 키보다 더한 슬픔을 안고
젯상 앞에 엎드렸습니다.

향 내음은 모락모락
당신의 향기로운 체취로 다가오고
하얀 국화 송이는
당신의 곱디고운 자태입니다.

제상 위에 한두 잔 약주 올리던
불효녀의 회한이 독한 향불로 번지고
촛불도 깜박이며 눈물 흘립니다.

당신은 생전 자식들에게
올곧게 사는 길을 가르쳐 주셨습니다
감사와 행복을 알게 하셨고
진솔한 인간의 자세를 갖추도록
꾸짖어 주셨습니다.

자식들을 가슴에 품어
바다같이 넓고 깊은 사랑
사계절 푸르름
쭈구렁 세월 셈하지 않으시고
선잠 주무시던 어머니

자식의 귀밑머리 가을이 와도
당신의 사랑에 목이 메어
이 밤은 그리움의 꼬리를 달고
어디론가 홀연히 사라집니다.

주름살 밭고랑

반달 숟가락으로
생감자 긁어 아릿한 맛 아삭아삭
울 엄니 쌀 항아리 닥닥 긁어
한 웅큼 무쇠 솥 귀퉁이에 심었지

애벌 삶은 보리쌀 밭둑 만들어
긁어놓은 감자 비잉 둘러 묻어놓고
적당량의 물을 먹였지
할머니의 허연 쌀밥 퍼놓고 꽁보리밥만 남았네

푸석한 김치밥 붉은 목구멍 밀어 넣고 잠든 밤
뱃속 시냇물 위로 배춧잎 하나 떠다니고
찌든 가난 보리밭 너울에 춤추다
못자리 나락에 눈을 틔우지

절구 속 풋보리
몽글리던 울 엄니 시집살이 타령에
턱 괴고 칭얼대던 계집아이
윤사월 햇빛 안겨 꼬박꼬박 졸았지

눈물범벅 모닥불 피워 놓고

손바닥 싹싹 비비던 까칠한 추억
삶의 창가 그리움 되어
주름살 밭고랑 보리이삭으로 패네.

동강 할미꽃

바위 위에 울 엄니 앉아 있네
거북이 등껍질 같은 손엔
간수 물이 누렇게 배어 있었고

시장터에 납작 엎드려
가슴이 저려 와도
칠 남매 지키려 용트림 쓰셨지

함지박에 남은 두부
땅거미 내려앉을 때까지
꺾어진 허리 펴지 못하시다가
검정 고무신 끌고 돌아오셨지

산 같은 무게 견디지 못해
파킨슨병에 쓰러지시고
몸은 점점 석고가 되어가도
자식 위한 기도로 무릎이 닳은
울 엄닌 할미꽃 두부장수

어머니

뼈가 으스러지는 고통
허리 휘어 활이 되신 당신의 품은
아늑한 보금자리였습니다.

장독대에 물 한 사발 떠놓고
촛불 합장, 자식 위해 두 손 비비던
당신의 기도는 사랑이었습니다.

철부지 칠남매 위한 헌신으로
두꺼비 손이 되어 선잠 주무시던
자비로운 미소는 생불이었습니다.

긴 세월 흘러간 지금
쓰디쓴 고통 견딜 수 있는 인내를 주신
당신은 나의 수호신이었습니다.

재래시장 나가 본다

장바구니 들고 시장에 나가본다
무질서 속 생존을 위한 숨소리 뜨겁지만
매매의 질서가 자리잡은 곳
인파 속에 떠밀려 구름이 된다.

난전, 휘어진 잔등 위에
들깨, 참깨, 과일, 비릿한 생선 펼쳐놓고
지나가는 발걸음 불러 세우는 사람들

검게 그을린 얼굴
활기찬 목소리 속 몇 바퀴 돌아도
고사리 시절,
내가 찾고 싶은 것은 눈에 띄지 않는다.

속에서 꼬르륵 허기질 때
어머니 곁에 앉아
장국밥 한 그릇 나누어 먹으면
내 온 세상 장터에 있었지

흘러간 유년이 그립고
하늘나라 계신 어머님 뵙고 싶을 땐

재래시장 어슬렁거리며
사라져간 추억들 바구니에 담는다.

호박꽃 두 송이

옛 친구 찾아왔건만
그녀는 보이지 않고
은발 휘날리는
호박꽃만 피어있네

한때는 푸른 기운으로
죽죽 뻗어나간 적 있었고
때로는 못 오를 나무에 매달려
버둥거리던 때도

푸른 시절
하늘을 파랗게 물들이며
재잘대기도 했었지

유년의 기억
퇴색되지 않고 마르지 않는
옹달샘이라네

휘어진 새우등이 애처로워도
시받 가꾸며 풍작을 꿈꾸는
호박꽃 두 송이

고향

정으로 다져진 이웃들
무심히 지나치던 산과 들
단발머리, 광목치마 펄럭이며
허기에도 줄을 넘던 골목길

고향 혼곤한 골짜기에
기름기 도는 다랑이
보리이삭 여무는 곳에
황금물결 출렁이던 들녘

앞개울은 간 곳 없고
시멘트로 포장된 거리
두엄 타는 냄새 소 모는 소리
뜬구름 세월에 묻혀버렸네

부모님 영 너머 가시고
당신의 커다란 웃음소리
밟히는 어느 곳에서도
영 영 찾을 길이 없네.

슬픈 그물을 걷자

울엄니 가까스로 쌀 한 됫박 구해와
벽장에 감춰두곤
생쌀 먹으면 엄니 죽는다고 하셨지

김치 한 바가지에 쌀 한 움큼 넣고
멀건 죽 끓여 눈에 불을 켜고 먹던 일
주전부리라곤 쑥 개떡과 보릿가루
입술이 시커멓게 물드는
소태맛의 오이꼭지뿐

가난에 허기진 물소리만 꼬르륵
꿈만 배부르게 부르게 먹을 수 있어
하늘 가득 피어오르는 환희
그것이 행복이었지

염주 한 바퀴 돌리고 나니
지난 세월의 아픔은
되돌리고 싶지 않은 긴 터널이었네

멍치 아리는 고백일랑
지나는 바람에게 맡겨두고

어제의 슬픈 그물을 걷자
살맛이 들어와 앉으니
그렁저렁 사는 것도 별미려니

막걸리 계집애

머리에 술동이 이고 가는 계집애
오지동이 막걸리 위에
하늘이 동동 떠 있었지

막걸리 이고 새참 주러 가는 길
돌부리에 걸려 그만,
계집애 퍼질러 앉아
목청껏 울어댔지

따라가던 하늘도 덩달아 곤두박질
거리에 널브러져 함께 울었지

울다 지친 계집애
남은 막걸리 입에 대고 쭈욱
달착지근 알싸하고 묘한 맛

조금만 더, 딱 한 번만
가슴엔 불이 붙어 온몸이
모닥불

지금은 황혼의 아낙으로

파전 안주에 추억을 얹어
막걸리 한 잔 쭈욱!

유년시절

깜장 신발 닳을세라
가슴에 안고 골목길 돌고 돌아
사립문 들어서던 길

토담집에 옹기종기 웃음꽃 피고
앞니 빠진 중강새, 개구쟁이
꿈도 한 무더기 피어났지

외양간 송아지 엄마 찾아
해거름에 음메 음메 울면
마당가 모닥불 모락모락

밤이슬 눅눅한 줄 모르고
할머니 무릎에선 희망의 소리 들려오며
맨발로 아리랑고개를 넘고 있었지

진달래

베옷처럼 소박하고
두메산골 처녀같이
다소곳이 배시시 피는 꽃

나 유년 시절
진달래 꽃밭 찾을 때마다
엄니는 못 가게 말리셨지
"그 곳엔 용천배기가
숨었다가 널 잡아 간다"면서
동생을 업혀주곤 하셨지

그러나 한 사람도
용천배기한테 잡혀갔다는
말은 못 들어봤어

비탈진 언덕, 빙초동산
한반도의 산에는
온통 흐드러진 진달래
지금도 역사처럼 줄기차게 피지.

엄니의 묵

이 산 저 산 보물찾기 하듯
헤매시던 울 엄니

한 줌 두 줌 모아진 도토리
맷돌 속에서 허물 벗고
떫은 물 게워낸, 엄니의 손 맛

묵을 유난히 잘 만드시던 엄니는
지금도 천국에서 도토리묵을 쑤고 계실까

시장에서 도토리묵을 찾을 때마다
울 엄니의 하얀 웃음이
사부작 사부작 내게로 오네.

호미

낙타 등을 닮았네
진종일 밭고랑에 앉아
김을 매시던 어무이

질긴 땅 마다않고
구석구석 숨겨진
잡초들을 뽑아내시던 어무이

야무진 손 끝
누가 부른다고 서둘러 가셨을까
헛청에 걸어 놓은 녹 슨 호미
십년이 넘도록 그대로네

울컥이는 그리움에
재 넘어 콩밭을 찾았더니
푸른 밭두렁, 호미는 간 곳 없고
개망초꽃만 흐드러지게 피었네.

비단길

개골개골 울음 따라 간직했던 유년의 꿈
교단 앞 지엄한 선생의 길을 향해
더 높이 멀리 날아보고 싶었으나
축 처진 어깨론 더 이상 날 수 없었네

사시장철 골짜기에 불어오던 빈곤의 바람
마음 밭에 심었던 희망의 꽃씨
긴 세월 뿌리 말라 죽지 않고 견디더니
황혼 무렵 시꽃으로 피어 반백되어 자라네

꿈을 이루지 못한 서러운 삶이었지만
이제야 살며시 뜬 눈, 시작 노트 속
부서진 조각들을 주워 모으며
꿈꾸 듯 홀연히 불을 지피리

어둡던 눈 새로 밝아지니
세파에 끌려 다니던 구겨진 몸
다림질하여 가슴 펼치리니
시를 잉태하고 해산하는 비단길을 가겠네

법당을 넘나드는 바람

뒷산 마루 허위허위 넘던 바람
법당 처마 밑 풍경 조심스레 흔들고
부드러운 그 소리
능소화 이파리 뒤집는다.

가지런한 기와 넘고
허공을 헤엄치던 물고기들
뒤트는 몸짓에 청설모 놀라 도망친다.

어느새 내 몸속으로도 들어와
해탈, 해탈 외친다.

3부 젖은 발

주머니는 비어도
언제나 넉넉한 웃음꽃
튼튼한 바지랑대 세워
인생을 하얗게 빨래하였지

일번국도

점과 선을 쫓아 달리다보면
굽이굽이 도는 길
목마른 영혼들 서성이고 있다.

목숨같이 귀한 자식
어미 가슴에 묻었더니
한평생
버거운 짐으로 끌어안은 채
마른 목구멍으로 침묵만 삼킨다.

포성이 멈춘 국도
남에서 북으로
북에서 남으로
바람만 떠돌고 있다.

아, 한 맺힌 일번국도
달릴 수만 있다면
맨발로 휴전선 지나 신의주까지
미친 듯이 내달리고 싶다.

폴로클럽

소나기가 훑고 간 오후
시장 어귀 양품점에서
재스민 향기 풍기는
비단결 마음의 여인을 만났네

손님의 무례한 환불요구
미소까지 얹어 응해주고
막힌 숨통도 틔워주는
하늘에서 하강한 천사였네

청순한 백합 같은 그녀
혼탁한 세상에 물들지 않고
오염되지 않은 순수는
허접한 일상도 달래주었네

그 가게 이름은 '폴로클럽'
온 세상 다 읽을 수 있도록
푸른 하늘에 높이높이
간판을 걸어야겠네.

지우개

두꺼운 나이테에 묻힌 지금
새삼스레 지우고 싶은
사연들이 있다.

실수투성이로 허방 딛은
우울한 날들
매사에 자신이 없어
의기소침한 글들
시나브로 지울 수는 없을까

누군가의 마음에 상처를 준 일
잘 못된 편견과 선입견
고집스러움, 집착하던 명예
쌓여가는 욕망도 모두 지우고 싶다.

그러나 지우고 지워도
잠시 눈을 감았다 뜨면
왁자하게 일어서는 잡념들
더욱 선명하게 다가오는
기억의 잔상들이 서글프다.

빼빼로 데이

삼시세끼 밥상머리에
꼭 붙어 앉은 젓가락 한 쌍
밤이면 살강에 나란히 누운
금슬 좋은 젓가락 부부

같은 길을 나란히 가는
달콤한 맛 한 젓가락에
고소한 맛 한 스푼

쓴 맛 단 맛 골고루 맛보아
서로 보기만 해도 무슨 맛인지
금방 알아채는

한 솥밥 한 이불 속에 달려온
오늘은
2011년11월11일11시11분11초
쌍의 숫자 여섯이 겹친 밀레니엄 길일

쭉 빠진 몸매의 빼빼로 젓가락
깨알 같은 날들 은밀히 산다.

버려진 검정 비닐봉지

고척동 쇼핑센터 가는 길
횡단보도에
버려진 검정 비닐봉지 하나
바람의 몸짓에 복어처럼
배가 부풀어 터질 듯 울고 있네

누가 내동댕이쳤을까
누가 짓밟았을까
그래도 한 때는
맛있는 꽃을 피우려
부지런히 몸 바친 사랑봉지였는데

시장 다녀올 때마다
횡단보도를 건너는 사람들
가슴 속에 버려져 밟히고
남루한 바지 사이로 휩쓸려
바짝 긴장하는 검정 비닐봉지

내 삶도 저렇게 가벼워
삶의 바람에 흔들리며
날아다니지는 않았는지.

깃털처럼 가볍게

어깨의 통증 재발하여
삶의 문을 닫아버리네

내 안의 부품들
어쩌면 아등바등 살던 욕심이
시나브로 쌓인 병은 아닌지

비우고 또 비워야
새처럼 가벼워질 수 있다는 말
법정스님한테 수없이 들었건만
머리에서만 맴돌 뿐

마음 먹고
청정도량
두 손 모아 돌고 돌아

욕망의 순도 쳐내고 마음을 비울 때
둥근 어깨가 겨울을 밀고 나오네
깃털처럼 가볍게

해운대의 밤

부산 해운대 정수리에
네온이 토해내어
빨강 초록 노랑 물감 풀어 간판을 걸었다.

바다는 오색영롱한 불빛 업고
부산 갈매기 노래 부르며
귓전에 부서지는 파도여
손을 뻗어 오선지를 그린다.

도깨비불 반짝반짝
어둠 속에 달아오른 청춘들의 아우성
하마 놀라 곤두박질 치는 별
첨벙 바다에 떨어진다.

이제는
불빛도 청춘도 바닷물에 씻은
두 어깨 마주보고 추억의 얼레를 안주 삼아
한두 병 투박하게 쓰러지는 빈 술병 사이로
해운대의 밤은 점점 깊어만 간다.

마음은 여전히 분홍빛

이마의 주름
머리엔 백발이 무성하게 출렁이는데
마음은 복사꽃 시절 그대로네

어느 틈바구니에서
사색이 불쑥 고개를 쳐들고
일일 드라마 보며 울컥
서글픈 사연들이
옛 자취의 자락들로
새록새록 살아나
감정이 꿈틀거리는 봄날

가까스로 살아온 세월
칙칙하게 흘러갔건만
탱글탱글했던 시절엔
그날이 그날이리고 시들했는데
요즘은 왜 이리 조급하고
분주한지

마음은 여전히 분홍빛인데

짐

한 삶이 저무는 늦가을 언덕

생업의 짐
걱정과 절망의 짐
집착과 울분의 짐
욕심의 짐까지
다리에 매달고 가던 짐이
우두둑 소리와 함께
팽팽하던 줄이 끊어지고 말았네
내 몸에 물기 마르고
허위허위 넘던 이승의 짐

순하디 순한 발은
욕심의 무게에도
불평불만 한 마디 없이
수도사처럼 무거운 짐 달고
묵묵히 걷고만 있었네

과욕은 언젠가는 무너진다고
이제는 그 짐 내려놓으라고
비우라고

그대 머물 수 있는 자리
마련해 놓으라고

젖은 발

삶은 무겁고 단단하기만 한데
딛고 일어설 수 있는 건
오직 발뿐
삶이 사그라드는 순간에도
오랫동안 서성일지도 모르는
기계처럼 살아온 내 발을
가만히 만져본다
기름칠 한 번도 하지 않고
일만 시킨 녹슨 발이
시궁창에서 첨벙첨벙
그 발을 끄집어내니 검은 눈물이
뚝뚝 떨어질 것만 같다
이제부터라도 닦고 매만지고
기름칠을 해보자

지친 몸 이끌고 일어서는 발
두 손으로 감싸안는다.

그 편안함이여

커피 알맹이 또르르 구른다
찰랑찰랑 넘치는 추억 한 잔

아련한 슬픔에 변주곡을 깔고
설탕 한 수저 넣으면
행복을 가미한 특유의 친화력

진한 감정에 녹아드는 커피는
내 마음을 어루만지고
갖가지 인생을 음미해 보는 순간

잠시 몽롱했던 의식 일깨우기도 하고
은은한 몽환의 향기에 취하다 보면
익숙한 손길 같은 그 편안함이여

자화상

햇살 몇 줌 스며드는 복지센터 창가
마지막 여행을 마친 낙타 등 돌리고
노랗게 찌든 손가락으로 담배 피우는 사내

동굴 같은 얼굴, 축 늘어진 볼 살
천천히 필름 되돌리며
황혼녘을 더듬고 있다.

뿌연 눈 비벼도 여전히 그믐밤
희미한 추억을 길어 올리는지
만근 무게에 속눈썹 껌벅인다.

보일 듯 말 듯한 미소는
수평선에 길게 누운 황혼
그리지 않아도 보이는 자화상

동반자

우리는
어디로 가는지도 모르고
발을 묶고 뛰었지

달콤한 속삭임
청국장 끓는 이야기는 없었지만
솜이불을 내려
보금자리를 덮었지

세월이 흐르는 동안
무거운 짐 나누어지고
강물처럼 구비구비
이야기보따리를 펼쳐나갔지

언제나 주머니는 비어도
매일같이 넉넉한 웃음
튼튼한 바지랑대 세워
인생을 하얗게 빨래하였지

내 영혼을 그대에게

그대가 보고 싶을 땐
풍선 속의 바람같이
몸속에서 영혼만 빠져나와
그대 곁으로 달려가고 싶습니다.

그리운 그대 모습 보고
목소리 들을 수 있다면
욕심에 찌든 혼신일랑
미련 없이 버릴 수 있습니다.

영혼의 눈빛으로
그대의 내면을 보고
사랑의 향에 취할 수 있다면
죽음도 두렵지 않을 것입니다.

당신이 애타도록 보고 싶을 때
푸른 하늘만 바라보아야 한다면
살아 있는 이 육신은
허수아비일 뿐입니다.

당신

간밤도 뜬눈으로 지새우던 그대
짙은 안개 깔린 창문사이로 흘러나오는
들숨과 날숨에
걱정 말라는 한 마디뿐

빈손으로 출발했던 날들
무명옷, 비단옷으로 바꿔입으려고
허기진 배 동여매고 달려왔네

아직도 그대 어깨 짓누르는 큰 바위덩이
야윈 얼굴에 수분이 메말라 갈수록
무거운 짐 내려놓고
작은 몸뚱어리나마 챙겼으면

살아온 내력, 살아갈 이유까지
내려놓으면 좋으련만
언제나 바위덩이 짐 마다않는 그대 있기에
오늘도 나는 꿈을 꿀 수가 있다오.

다시 찾은 바다

다시 찾은 바다
몸살로 부서지는 푸석한 물결 위
화려한 네온불빛 일곱 가지 물감 풀어
색깔 다른 간판을 걸어 놓았다

불빛을 뿌려놓은 바다
한 폭의 그림같이 아름답고
파도는 속삭이듯 다가와
이 세상 모두를 잠재우는 노래 부른다

동그라미 휘감아 도는 백사장
갈매기도 순한 낯빛으로 잠들고
별빛은 꿈 같은 속살 펼쳐 보이며
젖은 바다를 달래니 눈부시게 아름답다

밤이 깊어갈수록
물 위로 내리려던 달님
밤 내내 고요 속에 밀리다 가고 나면
밤 바다는 조용히 가슴에 안겨온다.

인생 길

허기지고 절망의 길 걷다
목까지 말라 타들어가던 중
그대 만난 후
그 물 마시며 갈증을 잊고
어둠 속 빛을 발견했습니다.

갈기갈기 찢겨진 가슴
뜨거운 태양 아래
삶의 길 걷는 진리
그대에게서 배웠으니
인생의 스승입니다.

참되고 진실된 눈빛
인생 꽃 가꾸는 지름길
한 줄기 빛으로 스칠 때면
행복의 콧노래 절로 납니다.

그대 만나 이 세상에
꽃향기 진동하는
한 평생 맑고 푸르름만 생성되는
인생길 뒤돌아보며
오늘도 희망 노래 부릅니다.

명태

비릿한 바닷바람을 타고
명태들의 헐떡임이
녹 슬은 어선에 실려 오고

망망대해 유영에서 밀려온
바다의 비늘은 눈이 부시며
지느러미 장난의 간지러움에 몸 뒤튼다.

소금기로 푹 절여진 바람
바다 속 켜켜이 소금을 넣고
찬란했던 바다 이야기를 토해내며

가는 눈을 치켜뜬 명태
청정의 바다도 곰삭힐 때
취기어린 바다, 거품 물고 내달린다.

다시 갈 수 없는 너의 바다
내 돌아갈 수 없는 세월의 바다.

4부 빗속의 연가

예쁜 찻잔에
가을을 타서 그대와 눈 맞추고
은밀한 사랑도
한 스푼 타서 마시고 싶네요

춘설春雪

살랑대던 봄바람
얄미웠던지
질투의 바람 타고 백설이 내렸다

섭리의 가교 지나 솟아오르던
고귀한 생명들
몸 움츠려 파르르 떤다

긴 긴 겨울 물리친 생명들
기지개 켜는 소리에 놀라
하룻밤으로 물러가는 춘설

인생길 걷다 예기치 못한
눈발이 내리거든
두려워 말고 꽃을 피우자
이월 그믐의 고통 잠시 스쳐가리니

꽃샘바람

꽃샘바람 눈웃음치면
화답하여 내리는 봄비는
바람둥이

깊은 밤 뒤꿈치 들고
산수유 유혹하여 투박한 옷 벗기고 마는
노련한 바람둥이

꽃들,
겨우내 닫아건 빗장 풀어 반기고
푸른 절개 목숨 같이 여기던 소나무마저
앞 다투어 옷을 벗어 던진다.

봄비내리는 밤
흠뻑 젖어 울고 싶은 나
산수유이고 싶다.

눈꽃

자박자박 흔들리는 봄바람
눈꽃 뒤로 숨어 버리고
푸득푸득 녹두 빛 봄 향기
꽃샘바람에 뒤뚱거린다.

-무궁화 꽃이 피었습니다
보일 듯 보이지 않게 숨은 뒤로
찾을 사람 다 찾아내는
실눈 뜬 술래

입 다물고 소리 없이 오는 봄
싹틔우고 꽃 피운다지

눈꽃 뒤로 숨은 눈발
쏘옥 내민 새싹의 향기
꽃바람에 곤두박질친다.

황사바람

산 넘고 물 건너
허위허위 숨 가쁜 모래바람
누가 기다린다고 저리 바쁠까

철쭉꽃 꽃잎 사이로
연녹색 아기 잎들
떠밀고 들어와 앉는다

남쪽나라 봄바람마저
남 몰래 삼키고
현관 안으로도 날아와
으지직 밟는 모래
봄 병을 앓게 하는구나

양지바른 뜰에 앉아
얌전히 지나기를 원한다
봄을 기다리는 강아지처럼

들꽃

틈새에 자리 잡아
뿌리 내린 뒤
발아의 꿈을 키워
남모르게 꽃을 피우네

동장군에게 맞서다가
때로는 흠뻑 젖기도 하고
순박한 몸짓으로
다소곳이 등 돌리는

두메산골 외진 곳
응달진 비탈에 피었어도
슬퍼하거나 고독에 눈물 짓지 않고

누굴 원망하지도 않으며
크거나 화려하진 않지만
시나브로 피었다가 지네

아무도 봐주지 않지만
혼자서도 우아하고 장엄하게
향기를 토해 내는
남모르게 피우는 들꽃

밤꽃

수줍은 듯 산허리를 휘감고
꽃그림으로 수를 놓네
벌 한 마리 붕붕
자꾸만 입을 맞추네
밤꽃, 하얀 이 드러내고
키득키득 키득거리네

꽃술은 흰 뭉게구름 같고
휘영청 늘어진 가지마다
무게에 힘겨운 밤꽃송이
휘늘어진 두 팔로 살랑거리네

향기 스멀스멀 코끝 간질이며
멀리서 들려오는 뻐꾸기 소리
유년의 향수 잔잔히 밀려오고
속절없는 그리움에 밤꽃가지 늘어지네

내 고향 개울 건너 한적한 길가
친정집 뒷산 밤나무 숲
올해도 키득키득 웃으며
밤꽃송이 흐드러지게 피겠지

장미의 계절

담장 넘어 활짝 핀 장미
수줍은 얼굴 감추느라
눈꺼풀 아래 이슬이 맺혀
물방울 되어 흐른다.

군락 이뤄 고개 숙인 꽃
해맑게 미소 지으니
향기에 취한 바람마저
환호하며 머뭇거린다.

붉은 입술
온몸을 적시는 속삭임
농염한 색으로 불타고
곱게 채색된 장미의 계절

호사스런 열정
살며시 꼬리 감춘 채
도도하게 피어나다 시들어 간다.

긴 여운을 남긴 채……

유월의 몸짓

초여름을 기다리던 바람
전쟁 통에 실성한 여인같이
깊은 산속 헤매더니

청보리 익어가는 밤
바람과 동침한 청청한 흔적들
미명의 꽃으로 피어나는지
해산의 비명소리
계곡에 울려 퍼지는데

분칠한 채
푸른 빛깔의 투피스를 걸친 채
덩실덩실 춤추는 자태
신비롭게 눈짓하다가

신록 길 배낭 베고
바람 든 몸짓, 엉덩이 흔들며
아지랑이 아질아질 흔들린다.

비 한 줄기

시멘트 마당 위로 비가 내린다
끓는 기름에 물기 튀기듯
따다닥 따다닥 부서지더니
다시 서로 섞여 흐르고 있다.

이리저리 방황하던 빗방울이
다른 빗방울을 품어 안는다는 건
서로의 외로움을 달래기 위해서다.

어릴 적 비 지나간 후
길 가에 길 잃은 미꾸라지
빗물 그렁그렁한 웅덩이에 넣어준 적이 있었지

마당 위로 떨어지는 빗방울 소리가
저 멀리 훨훨 날아간다
이 비 떠나고 나면, 그리운 사람

여름의 행간처럼 기억하라고
비 한 줄기
바람처럼 스치고 지나는가 보다.

장마

매해 이맘때면
온 세상 떠돌다 돌아와
머리카락 세우고
두 눈 부릅뜬 채 흐느낀다.

몇날 며칠
가슴 한 쪽 말릴 틈도 없이
홍수주의보 속
질척질척 걷다보니

눈에 보이고
손에 잡히는
모든 것들
축축하게 젖었다.

탁류에 휩쓸린 불면의 밤
가슴 속 시마저 젖어
먹구름 위세에 눌린 채
눈물 흘리고 있다.

추적추적 비가 옵니다

푸석푸석 갈라지는 어둠 사이로
먹장구름 몰려오더니
봄비가 내립니다.

빗방울 흙 속에 스며드는 순간
갈증에 칭얼대던 어린 잎 소생하는 소리
대지에 울려 퍼져 신비롭기만 합니다.

수십 년, 굳게 닫힌 마음 문 열어 젖혀
속마음 보여 달라고
돌덩이 같은 비의 무게 가슴을 짓눌러옵니다.

둔탁한 기억 속으로 추억이 되살아나고
한 음절씩 인생의 노래되어
추적추적 비가 내립니다.

비 그친 날

뒷산에 피어오른 운무
언덕엔 무성하게 하늘 향한 망초
살며시 돌아서는 산의 비밀

채마밭에 나가보면
싱싱한 푸성귀의 풋풋한 웃음
골짜기 타고 흘러가는 물의 새실거림

길가 풀잎마다
이슬방울 후두둑 떨어지고
안식처를 찾아가는 새들의 노래

비 그친 날
근심 털어 빨랫줄에 널어놓고
햇빛 쨍쨍한, 눈부신 날
기다리고 있는 새털구름

빗속의 연가

날선 풀잎 시름시름 뉘우며
후줄근히 비가 내리네요

소슬바람 타고 오는 그윽한 커피 향
그리움 한 모금 타고 오는

예쁜 찻잔에 가을을 타서
그대와 눈 맞추곤
비밀스런 사랑도 한 스푼 타서
마시고 싶네요

어쩌면 그대는
모락모락 김 내려다보며
숯덩이가 된 가슴은 어쩌라고
보고 싶었단 말 한 마디
할 줄 모르시나요

오늘은
당신 속으로 들어가는
커피이고 싶네요

유년의 비

회색 빛 어둠 속 비가 내리면
내가 가진 것은 하얀 눈물뿐
낡은 얼룩무늬들
빈 방 서성이고 있다.

지나온 길 되돌아보면
어느 곳엔가 둥지 틀고 있을 첫사랑
아련한 모습 희미하게 다가오는
인기척 느껴지고

눈감으면 떠오르는 내 고향 산골짝
마당가 흘러가던 개울물
송사리 건져 올리며 첨벙이던
그 옛날 계집아이로 되돌아가고 싶다.

허탈의 세월 업고
세 아이 엄마로 나이테만 굵으나
물고기 비늘 같은 추억들 눈앞에 반짝이면
속눈썹 가늘게 떨며 빗소리 듣는다.

코스모스

길섶에 한들대는 꽃
따돌리고 가버린 여름
동해바다에 걸터앉았네

여름을 헹구는 소리
바람 발부리에 걸려
넘어졌다 일어서는 꽃잎 파도

초가을 속살이
가녀린 속을 파고들 때

밀집모자 채양
꼬리에 매달려 사라지는
소녀의 뒷맵시……

단풍

우뚝 선 저 사내
흥얼흥얼 콧노래 부르네
섹시한 저 가시내
눈이 밝아지고 있네

붉게 물든 욕정
온 산이 흥건히 젖어 있네
저 사내, 가시내 얼싸안고
온 세상 바람 따라 뒹굴며
주체할 수 없는 빛깔로
한바탕 가을을 쏟아내네

저무는 산자락에
이 산 저 산, 앞산 뒷산
붉은 소리를 내지르네.

낙엽 한 장

가을비 온 뒤 단풍잎 하나
거꾸로 매달려 서커스 한다
어디선가 절름발이 바람에
낙엽 한 장
바스락 바스락 낡은 생애를 속삭인다

창문 너머 손 흔드는 단풍
단풍잎 사이로
질긴 태양 빠져 나와
넓은 땅 어디든 줄달음치다가
가로수 그늘에 걸터앉는다

빠알갛게 염색된 단풍은
가을의 끄나풀에 매달려 있다가
스스로 자릴 비키는 것은
떠남이 아니라
그 다음의 기다림이리니.

내장산 단풍

누가 산에 불을 질렀을까
활활 타오르는 대형사고

누구의 터질 듯한 심장이
저렇게 강렬한 불꽃이 되었나

뜨거운 불길 속으로 들어가는 바람
온 산을 모두 태워버리고

산은 큰 아우성으로
저무는 서해바다까지 불꽃이 이글이글

혹시
누가 불을 지르고 간건 아닐까
냉가슴을 앓으라고

퇴색된 낙엽

빛바랜 일기장 속
퇴색된 낙엽 하나
오랜 세월
발가벗고 누워 있네

바람에 흔들리는 절망의 고통
삼베옷에 수놓고
서러움의 노래
애절한 가락으로 흐르네

침묵으로 누웠다가
불쑥 입을 열어 전하는 말
숱한 내력들 곱게 접어
일기장 갈피에 넣어두었네

낙엽 인생
낡아버린 아득한 추억들 간직한 채
퇴색되어 사라져도
긴 세월 파릇하게 물들여가네

5부 은발의 골수염

잠자리 날개 모시 적삼에
낙엽 지는 아낙의
촘촘한 세월의 나이테
곰 삭인 정일랑 가슴에 묻자

노인정

아파트 노인정 웃음꽃 핀다

민화투 놀음
아무리 기다려도
오지 않는 행운

팔공산 비 광 등은 어디에
난초 홍싸리 껍질만 그득하다

끈적이는 저녁나절
석양은 눈부신데
노송은 높이 서 검푸르고

나이테에 새겨진
황금 추억들을 토해내는
노인정은 윤회 밭을 가꾸고 있다.

잠

은빛조개보다 더 은빛인
구순의 실타래 머리카락
미동도 묻어버린 채
천국을 부르고 있다
누구도 대신할 수 없는
혼자만이 안고 가야 하는 길

세월무늬 토해 내는
끄르륵 찌꺼기 소리 들으며
삶의 무늬 검버섯 꽃 세어본다

각시처럼 잠든 모습
저승의 부름을 기다리는지
어찌 저리도 평온하실까
어찌 저리도 잠이 달콤하실까
그곳에 가시면 실컷 주무실텐데

구순 노인은 갓난 아기로 되돌아가
잠을 자고 또 잔다.

막둥이

또 막둥이네
솜 이부자리
할머니 세계지도 진하게 그려 놓았네

할머니의 왕성한 식욕은
밥그릇을 비우고
기저귀를 부르는데

사람마다 효손 두었다고 떠들어대도
짐짓 막둥이 시치미 뚝 떼고
책 한 소절 큰 소리로 읽고 있지.

시어머님

백발을 이고 누워 계신 어머님
한 말씀 할만도 하시련만
한 일자의 입만 파르르
눈발에 떠는 나무 같네요

낙상으로 인공뼈 심은 고관절
수많은 날들의 통증에 질려
당신은 그만 쓰러지시고
하늘의 부르심을 받으셨군요

온 천정에
덕지덕지 붙은 신음소리
담쟁이 기어 오르듯
어머님을 잃은 설움의 터는
늑골 정수리에 오싹 한기가 일어서고
삶이 쫓겨간 자리엔 냉기만 도네요

물만 찾으시던 어머님
통증소리 놓지 못하시던 어머님
목마르지 않고 아프지 않은
그 곳에서 편히 잠드세요.

신기하기도 하지

항아리 속에 핀 할미꽃
진저리 치는 냉기에도
꼿꼿하게 꿋꿋하게
끝까지 버텨야 살 수 있다는 듯
목숨을 꽉 움켜잡고 있구나

시들해진 몸속 어디에
그런 당당함이 숨었을까
신기하기도 하지

나도 그 속에 들어가
헐거워진 이 몸도 냉기의 힘 빌려
당당하게 서볼까
캄캄한 밤에 빛을 발하듯

은발의 골수염

언제부터인가 두 발로 걷지 못했다
다리 숫자 여섯 개, 문어발 되어
휘날리는 은발과 더불어 횡재를 했다.

인생길 뻣뻣하게 걸어온
교만한 관절에게 내려준
깨달음의 은총이라는 생각이 들었다.

앉은 채 엉덩이 질질 끌며 이동함은
희미하게 보이던 내세가 선명해져
이승의 탐욕 버릴 수 있었기 때문이다.

깊은 밤, 혈류가 통하지 않는 발목
벌건 신열로 흐느껴 우는 것은
염증이 아닌 나 자신이었다.

아스라이 가십니다

스물 다섯 청상과부로
팔십 구세 생을 태우시는 어무이
당신을 배웅하던 날
저 먼 하늘 끝까지 울려퍼지던
외며느리의 통곡소리 들으셨나요

누구나 한번은 가야할 길
복 많은 노인이라고, 호상이라고
남들은 말하지만
그 동안 아무것도
해드린 게 없어 죄인입니다
당신이 천국 가시는 그날부터
저의 정신은 비틀거렸습니다.

토해내고, 감추고 싶었던 것들
미운정 고운정까지도
바삭바삭 전부 부서져
가루가 되어 한 줌 재로 남아
이렇듯 바람처럼 멀어져 갑니다.

병실 꽃

쾌유를 비는 손길이 꽂아 놓았을까
허공을 떠돌다 할딱이는 호흡
스며드는 가녀린 꽃
병실 한쪽 지키고 있다.

사경 헤매던 삼대독자 들쳐 업고
바삐 뛰던 어미의 관절 골절된 채
아들의 시선 앞
절망의 늪으로 가라앉는 현장

응시하기도 껄그런 이 공간
슬며시 빠져 달아나고 싶은데
똑똑 떨어지는 링거액 소리
발목 잡아끌어 움직일 수 없다.

실핏 꿴 새벽녘
창에 어른대는 초승달같이
그녀의 창백한 얼굴
꽃물 들어 영혼까지 사위어 간다.

구순의 신발

생사를 넘나드는 시어무이

스물 다섯 청상으로
식솔들 거두려
사방팔방 뛰시던 어무이

열병으로 앓던 삼대독자
긴 밤과 씨름하며
당신께 옮겨오고 싶어
안타까움에 선잠 주무시던 어무이

사연 많은 한 평생
마음 문도 굳게 걸어 잠근 채
누워만 계신 어무이

무거운 삶 짊어지고
여기 저기 무던히도 헤매셨지예
댓돌 위의 신발도
이제는 쉬고 싶을 때가 된건가

산다는 건 신발 신기

이젠 소용없어진 신발
납작 엎드려 일어서지 못하는
구순의 신발

연미복 입은 막둥이

선달 열사흘
연미복 입은 늠름한 네 모습
가슴 밑바닥에서부터 뭉클함에
이슬이 시야를 가리는구나

보내야 하는 아쉬움이
볼을 타고 내려와
옷고름 접어
눈가를 눌러보지만
이슬이 멈추지 않는 건 뭔지

그래, 높은 곳 향해 가거라
너를 반기는 반려자의 품으로
한 땀 한 땀 수놓은 사랑
행복나무 가지마다
튼실한 열매 맺어 풍성하게
희망나무 늘 환하도록

앨범 속에서

앨범 속에서
그 소년이 흑백 함박웃음 웃고 있네

내 가슴속에 남아 있는 불씨
다시 타 오르네

그 소년 살아서
꿈꾸듯 걸어 나오네

어디론지 가네
잡을 수가 없네

내 가슴속에
다시 차오르는 안개바다.

명치끝 응어리

첫눈 내리던 날
햇살 부서지는 눈 조각들이 전하는
소통의 메시지를 듣는다
인적 뜸한 비탈길 오를 때
잣나무 위 눈 덩이 정수리에 떨어져
백회혈을 타고 전신으로 퍼진다.

꽁꽁 얼어붙은 그와의 오해
눈썹 비집어 화가 번득이고
객혈하는 잉걸불의 원망
가슴속 상처에 소금 뿌려
쓰라린 통증으로 몸부림친다.

화해의 손 내밀 때 끌어안아줄 것을
분노의 불꽃
오장육부 태워 시꺼멓다
온 세상 백설로 뒤덮이던 날
명치끝 응어리 덮어버리니
미움, 원망 사라져 시원하다.

눈 세상

아침에 대문 밖을 나서니
시나브로 삭정이가 된 나무가
켜켜이 흰 백설기 쌓아놓고
하늘 향해 공양 올리고 있다.

소복소복 쌓인 눈길에는
하얀 발자국에 낭만을 숨기며
휘날리는 눈발을 뒤로 하고
하얀 속삭임이 전설되어 쌓이는데

아줌마 하나 철퍼덕, 엉덩방아를 찧는다
두 눈이 휘둥그레 사방을 두리번거리다가
얼른 일어나 어디론지 자취를 감춘다
순간, 눈 결정이 서로 엉켜 눈송이를 이루고
다시 결정 하나하나가 제각기 흩어질 때

서둘러 찾아온 어둠은
흩뿌리는 눈송이 보듬으며
숨은 별 찾아 허둥대는데
싸늘한 바람이 불 때마다
동네 골목에 뒹구는 검정봉지 속으로
눈송이 한줌 빨려 들어간다.

겨울나기

장다리 꽃밭의 흰 나비 떼
하늘 가득 날아와
눈의 나라 꽃밭을 만드네.

새하얀 눈꽃송이 타고
송이송이 하늘로 올라가는
긴 그림자
이제 온돌방에서 홀로
이겨낼 수 있을 듯 하겠네.

이 눈 그치면
계절이 지나는 나그네
아무 것도 아니라는 듯
속 깊이 감추고 미소를 보이겠네.

속옷 벗기기

손으로 건들기만 해도
톡 터질 듯한 그녀의 속살
다홍치마 벗기고
속치마도 벗기다보면

뽀얗게 빛나는
그녀의 볼그레한 살결에 눈이 부셔
나는 그만 두 눈을 감은 채
수정 같은 이슬만 방울방울

동글동글, 둥근 세상을 보는 듯
고요하고 편안한 그녀
벗으면 벗을수록
맵시 있고 매력 있는 몸매

탄력 있는 볼기 늘이비는
노오란 광주리 속 양파

칠갑산에서

봉우리 위에서
곪은 속 터져 농으로 흘러
누더기가 된
마음의 찌꺼기 털어낸다

잠자리 날개 모시 적삼에
낙엽 지는 칠갑산

콩밭 매던 아낙의
촘촘한 세월의 나이테
곰 삭인 정일랑
가슴에 묻어두자

서쪽 하늘 난간에 졸고 있던 조각달 풍경이
쨍그랑 단잠을 깨우고

낙엽 한 장
졸참나무 가지에 걸려
떼구르르 곤두박질 칠 때

칠갑산의 단풍잎 떠밀고

갈색 줄무늬 다람쥐 따라
계곡으로 내려가고

철든 남자

빨래 줄에 줄줄이 걸쳐
게으르게 늘어진 것들을
주섬주섬 거둬들인다
거실 한가운데 뒤죽박죽
주름살 고랑마다 수분 걷어 올린 옷가지들
나이테 두꺼운 내외가 들척인다
애들은 애들 것대로
양말은 양말대로
내외는 각기 자기 옷도 챙긴다
그 남자 접은 옷 들고
이 방 저 방 다니며 분리해 넣는다
그 여자 중얼거린다
-남자가 철들면 그 때부턴
볼 장 다 보는 거라는데
못 들은 척 하는 사내 대신
3시로 웃는 벽시계

입을 닫지 못하는 이유

아궁이가 가마솥을 머리에 이고 있네
밥솥은 군침을 아궁이로 흘러
목구멍으로 기어 들어가네

아궁이는 이 산 저 산 다 거둬 먹고
아직도 입을 닫지 못하고 있네

꺼지지 않는 희망의 불씨 지피라고
희망의 불꽃 활활 피우라고
아궁이는 입을 크게 벌리고 있네.

6부 시 밭 가꾸기

푸석한 마음 밭이 봄비를 기다리네
눈 감으면 별처럼 수많은 시어들
언제나 내 가슴에 시가 살기를……

언젠가는

마구 내뱉은
언어들을 모아 선별을 했어
쭉정이는 버리고 알맹이만 골라서
비옥한 백지 속에 심었지

흙을 밀치고 일어선 싹을
무럭무럭 자라도록 정성 들였어
목말라하면 물을 주고
그늘이 되면 햇살을 찾아주었지
엇나가는 줄기는 가지치기도 해줬어

풋풋한 언어들
나날이 튼실하게 여물어
풍요가 일렁이기를
이대로 뿌리 깊게 내린다면
언젠가는 거목이 될 수 있겠지

시 밭 가꾸기

목화구름 떠도는 파아란 하늘
안개꽃 구름이 내려다보네

심금을 울리는 시 한 편 써보라고
연민의 눈으로 바라보네

고개 들어 보면 천지가 시어들이라고
태평양에 대어처럼 낚으라 하네

역풍이 몰아쳐도 좌절하지 않고
시 밭을 정성껏 가꾸노라면

어둑한 땅 속에 엎드려 있던
발아 못한 씨앗들
땅을 차고 올라오지 않겠는가

낚지 못한 시어들

산을 타고 정상에 오르면
막막한 시의 문맥 잡힐까
오르고 내리기를 반복했건만
잡히지 않는 실마리
어찌해야 꽃망울 터지 듯
팍팍 터뜨리고 쏟아낼 수 있을지

여행을 떠나면 영감이 떠오를까
유적지 관광지 누비고 다녀 봐도
아름다운 자연을 만났다는
흔적만 남길 뿐, 돌아서는 등 뒤로
덕지덕지 붙은 옹이 허무와 빈 마음뿐
요동치는 감정은 죽지 않고 살았건만
한 올도 풀지 못한 채 발걸음만 무겁네

척박한 마음 밭에 시의 씨앗
언제쯤 옥토 되어 싹틔우고 꽃피워
벌 나비 맞아줄까
눈을 감고 생각하면 반짝이는 시어들
하늘의 별만큼 많은데
눈을 뜨면 깨끗이 사라지는 시
내 꿈에 드문드문 물집 잡히네

뼛속 깊은 시

시 속엔 뼈들이 정갈하게
가로세로 줄을 맞춰
서로 기대고 의지하며 살지
간혹은 홀로된 글자
고독의 마음 한 켠에서
잔잔하게 부는 바람

내면 깊은 곳에서
스멀거리며 올라오는 고독이
뼛속 깊이 후벼대며
온몸을 휘감을 때는
시의 뼈에 살 붙이고 잎 피면
세월이 할퀴고 간 상처에
새살이 빨갛게 돋아나지

고요히 깔리는 꿈속의 시
모락모락 피어오르는 시
언제쯤 뼛속 깊이 들어올까

독서

누군가 깨끗이 닦아 놓은
길을 걷고 또 걷네

산비탈 길을 걷고
돌부리에 채여 울기도 하고
칠흑 같은 세상 터널도 걷네

어느 날은
꽃길을 드라이브하기도 하고
꿀맛 같은 사랑도 배우지

미지의 세계에서
상상의 나래를 펴고
무릉도원을 비행하기도 하지

누군가 탄탄대로를
마음 놓고 걸을 수 있도록
미래의 길을 닦고 있다네

쓰고 또 쓴다

삼복더위가 나를 이겨보겠다고
기운을 쓰고 또 쓴다
좋다 해보자
나는 이중창문을 닫고 버디칼도 내렸다
눈에 불까지 켜고
더위의 멱살을 움켜잡고
악을, 힘을, 시를 쓰고 또 쓴다.

흥부네 바가지 같은 시
초가집 호박꽃 같은 시
뚝배기 같은 시
정겹고 편안한 시
이런 시 한 편 써서
가보로 남기겠다고
끈질기게 매달리며
더위와 싸운다.

그가 힘을 쓰고 또 쓰는 동안
나는 시를 쓰고 또 쓴다.

나의 시는

나의 시는
골짜기 흐르는 맑은 물이 될 수 있을까
이끼 낀 탑 아래
보름달로 떠오를 수 있을까
가슴앓이만 할 뿐
마른 가지엔 꽃 피울 기척이 없네

내 안에 갇혀 있는 꿈들
한 올 한 올 풀어내어
비단에 수를 놓고 싶네

바람에 날아온 민들레 홀씨
언제나 꽃피워 벌 나비 맞을까

푸석한 마음 밭이 봄비를 기다리네
눈 감으면 별처럼 수많은 시어들

눈을 뜨면 사라져도
어디엔가 내 시가 있다면
내 가슴에 시가 있다면

군자란

속절없이 말라가는 군자란
눈 감아 버린지 수개월

어느 날
버려진 화분에서 뿌리 내려
도란도란
싱싱한 속살로
다시 일어나는 모습 보았네

어두운 그늘에서
잎이 위로 자라는 것보다
뿌리가 밑으로 자라
꽃이 핀다는 것까지

나도 위로 크기보다
의식의 뿌리부터 내려
시의 함박꽃 피우리라

안양천 갈대

괴괴한 밤이면
사그락 사그락
백로들의 날개짓 소리

높은 하늘 우러러보며
서로가 으쓱으쓱 까치발로
키재기하자 일어서고

달빛 길게 누운 강물 위엔
갈대들이 흰머리 휘날리며
몸부림치는 것은
할머니의 쪽진 머리 풀어헤친 듯

언제부터인가
밤이면 그대가 하늘거리고
내 가슴속에는
사색의 숨소리 들린다.

보름달이 이사를 간다

시골 초가지붕엔
새하얀 박꽃이 흐드러지고
구름이 비켜준 하늘엔
만삭의 보름달이
고운 속살, 하얀 웃음으로

어느새 마당까지 내려와
자배기 물에 빠져
저 홀로 만월을 이루고
찼다 기울었다 하다가

물속에 가라앉은 달은
건지려 하면 도망치고
천지를 월광으로 흠뻑 적시곤
오늘도 밤새워 출렁인다.

물과 어울려 춤추던 달은
세간살이처럼 늘었다 줄었다
만삭의 복부 열어 보이며
동에서 서로 이사를 간다.

맨발로 걷기

많은 종류의 신 벗지 못하고
휴일도 잊은 채
인생 길 걷고 걸었네

검은 고무신
하얀 운동화
굽 높은 구두도 신어 보았네

신발을 갈아 신을 때마다
발걸음 무거웠지만
맨발로 디딜 때
가랑잎 걸음이었네

길 걷기 힘들 때는
모두 벗어 버리고
맨발로 걸어 보려네

기적도 우네

길게 목을 늘이는
애끓는 그 소리
절규의 불을 태우고 있네.

은애하는 그대,
외줄기 기적소리 길게 흘리며
저리도 비호같이 달려가는가.

떠나고 나면
떨리는 가슴
철제도 저렇게 목놓아 우는데
그대는 왜 모른척하는가.

돌아올 듯하면서도
자꾸만 멀어져만 가는
그리움의 앙금이 가슴을 후벼 팔 때
기적도 덩달아 우네.

상사초

도솔산 오르는 길에서
해맑은 상사초를 만났네

온산이 불타는 꽃철이면
불꽃 그리움으로
순정의 숨결, 연정의 화신
마침내 화사하게 꽃피웠네.

기다림에 지쳐
송이송이 꽃망울에 맺힌 절규
붉디붉은 얼굴로 취해
도솔산을 온통 꽃 피우더니

오랜 세월 그리움 간직한 뒤
붉은 옷 뒤로 하고
녹색치마 갈아입은 건
기다림에 지쳐 파김치가 되었다고

낙엽 따라 꽃은 가고
이루지 못한 애끓는 연정으로
잎만 푸르른 상사초라네.

작품해설 민병완 시집 『허무 메우기』

고난을 극복한 효성 사모곡

황 송 문

詩人 • 선문대학교 명예교수

바위에 뿌리를 뻗은 소나무는 가뭄을 타지 않듯이, 어려운 환경 가운데서 가난을 극복한 사람은 의지가 굳세기 마련이다. 그래서 가난은 의지를 강하게 하고 온유 겸손하게 한다.

독일의 시인 라이너 마리아 릴케는 '가난은 우리의 내부로부터 솟아나는 위대한 빛' 이라고 했다. 가난하기 때문에 참을성이 생기고, 적은 것에도 고맙게 여기는 마음이 생기게 된다. 가난하기 때문에 슬픔을 가슴에 품고 견디는 인내가 길러지게 된다.

일반 사회에서는 가난을 부정적으로 보는 경우가 허다하지만, 종교나 윤리적 차원에서는 오히려 긍정적으로 보는 경우도 적지 않다. 릴케가 가난을 '위대한 빛' 이라고 말할 수 있었던 것은 그가 독실한 크리스천이기 때문이리라.

기독성서 중의 마태복음(19장 24절)에도 "약대가 바늘귀로 들어가는 것이 부자가 하나님의 나라에 들어가는 것보다 쉬우니라"는 예수의 말씀이 있지 않은가.

민병완 시집 『허무 메우기』는 고난을 선량하게 극복해 온 어머니에 향하는 시인의 효성어린 사모곡이 주조를 이루고 있다. 그것은 딸로서, 또는 며느리로서의 친정어머님과 시어머님께 향하는 절절한 사모곡이라 하겠다.

그것은 가난한 시절의 동화 같은 이야기다. 곡식이 아직 여물지 않았는데, 끼니를 끓일 게 없기 때문에 그 가운데서도 비교적 일찍 여문 곡식을 풋바심으로 대어먹이는 어머니의 노고를 절절하게 토로하는 민병완 시인의 목소리가 애처롭게 가슴을 울린다.

여기에서는 '어머니'에 관한 많은 시가 나오는데, 검소하게 절약하며 규모 있게 살림을 꾸려나가는 모성이 여실히 표현되고 있다.

목마른 다랑이 논에 고개 숙인
초련 벼 훑어다가
갓 찧은 쌀 한 말 이고
당모랭이를 돌아돌아
온양온천 오일장 다녀오신 엄니
검정 고무신, 동동 구리무
뽀뿌링 원피스도 사오셨지예.

오랜만에
허옇게 눈 흘긴 동태 몇 토막

무 범벅 찌개 저녁상에 둘러앉아 먹고 있는데
삐죽삐죽 울먹이는 동생

– 언니 것만 사오고 내 것은 왜 없능겨
– 너는 성아 것 물려 입어야 명도 길고 건강하게 크능겨

아프게 한마디 던져놓고
슬며시 밖으로 나와
동생의 징징대는 소리 들으며
댓돌 위에 찢어진 검정 고무신
얼기설기 꿰매고 있는
울 엄니 찢어진 가슴은
무엇으로 꿰매나

–「엄니 가슴은」 전문 –

오일마다 한 번씩 열리는 장에 다녀온 어머니가 언니의 생활용품은 사오면서 동생의 것은 사오지 않자 불만을 토로하는 딸에게 어머니가 달래는 말이 "너는 성아 것 물려 입어야 명도 길고 건강하게 크능겨"였다. 이는 천한 게 건강하다는 속설에서 연유된 말이라 하겠다.

쑥이나 질경이, 칡 같은 야생식물은 도움의 손길이 없어도 잘 산다는 경험에서 이러한 속설이 통용되는 것으로 여겨진다. 이러한 속설이 자연스럽게 받아들여지는 게 그 당시의 현실이었다.

동생의 징징대는 소리 들으며/ 댓돌 위에 찢어진 검정 고무신/ 얼기설기 꿰매고 있는/ 울 엄니의 찢어진 가슴은/ 무엇으로 꿰매나

이 마지막 결구는 '찢어진 검정 고무신'과 '찢어진 어머니의 가슴'이라는 두 양면성의 입체적인 상황을 설정하고, 찢어진 상처를 꿰맨다고 하는 상사相似의 법칙을 적용하고 있다는 점에서 시적 표현방법을 효과적으로 구사했다고 하겠다.

태어날 때부터 팔다리가 없고
눈 코 입도 없이 오직 몸통으로만
뭉기적이며 살아야 하는 그녀는
엉덩이를 홀라당 까 내리고
허연 속살 드러내곤
실룩샐룩 몸 흔들어대며
어느 사내 꼬시러 가려는지

햇님이 다녀간 뽀삭한 길은
실크 엉덩이의 애교에 손사래친다
이슬비 촉촉이 다녀간 뒤를 따라
사뿐사뿐 지나노라면
그녀의 음치노래 절로 나온다.

오늘도
그녀는 사내의 올올이 엮인 셔츠와

마음 속 주름까지 올곧은 시선으로
바짓가랑이 부여잡고
찰지게 찰지게 펴준다.

–「다리미」 전문 –

다리미라는 사물을 의인화하여 코믹하면서도 규모 있는 생활인의 야무진 성격을 여실히 나타내고 있다. 여기에서는 생활 속의 '다리미질'을 희화화戱畵化하고 있다. 다리미의 의인화가 예사롭지 않다. 다리미를 가지고 어떻게 해서 이렇게까지 상상을 하고 표현하려 했을까 하는 의구심이 들 정도로 관찰력이나 상상력이 뛰어나다 하겠다.

다리미는 정말 팔과 다리가 없다. 물론 눈과 코도 없고, 입도 없이 오직 몸통으로만 있을 뿐이다. '실룩샐룩 몸 흔들어대며'에서는 다리미질하는 정경이 연상되고, '이슬비 촉촉이 다녀간 뒤를 따라/ 사뿐사뿐 지나노라면'에서는 작은 물방울로 물을 뿌리고 다리미질을 하는 모습이 연상되기도 한다.

여기에서 한 가지 의문점은 품위에 관한 문제다. '엉덩이' '홀라당' '꼬시러' 등은 시의 품위를 감소시키기 때문이다. 그런데 막상 품위를 위해 그런 낱말을 삭제하게 되면 코믹하면서도 거친 야성을 잃게 된다. 그러니 좌우지간에 어느 한 쪽은 손해를 보기 마련이다.

그런데 결말에 가서는 화자가 현모양처로 보이게 된다. '바짓가랑이 부여잡고 찰지게 찰지게 펴준다.'가 그것이다. 다리미질이라는 행위는 화자가 누군가를 위해서 최선을 다하는 건실한 생활인의 모습을 보여주고 있기 때문이다.

두꺼운 업을 다 벗고
날아가는 저 기러기는
얼마나 좋을까

토방의 강아지들도
삼천대천세계를 지나
이 세상에 태어난 거겠지

저는 목련도 윤회를 하여
업장의 그물에서
헤쳐 가는 거겠지

그런데 나는 왜 아직도
업의 도가니에서
벗어나지 못하는 걸까

얼마나 더
먼지를 털고 나서
마음을 비워야
벗어날 수 있을까

－「업감(業感)」 전문 －

종교에는 문학을 보다 위대한 문학, 차원 높은 작품으로 승화시키는 정신적 자양이 있다. 그것은 남을 원망하기보다는 감사하게 하고, 남을 비판하기에 앞서 자기 스스로를 돌아보고 자성하게 하는 성덕을 내포하기 때문이다.

이 시에는 작자가 자유롭고자 하는 바람이 농축되어 있다. 그리고 불교의 윤회환생설을 바탕으로 업감을 통해서 자성의 계기로 삼고 있다. 업감業感이란 선악의 업인業因에 따라 고락의 과보果報를 받는 일을 말한다.

악업이란 마치 봄날에 자라는 풀과도 같다. 그것은 뜯어도 뜯어도 끝없이 자란다. 그래서 번뇌 망상이 멈추지 않는다. 그러나 불자의 이러한 태도는 건강한 상태에 있다. 이는 손이 시리다고 비비는 것과도 같다. 아직은 세포가 살아있는 상태이기 때문이다.

나는 왜 아직도/ 업의 도가니에서/ 벗어나지 못하는 걸까// 얼마나 더/ 먼지를 털고 나서/ 마음을 비워야/ 벗어날 수 있을까

「업감」이라는 시의 결구結句다. 이러한 자성自省의 발성은 윤리적 정서의 건강을 의미한다. 민병완 시인의 의식은 윤리가 쾌락에 앞선 상태에 있다.

고달픈 생의 응어리 풀듯 셈해 놓고

빨간 털실을 한 코 두 코 대바늘에 꿰어
뚫린 가슴을 촘촘히 메워갑니다.

여인들이 밀고 당기는 사랑의 묘약처럼
실을 알맞게 당겨서 코에 걸고는
먹였다 놨다 곱게 짜여진
씨실과 날실들로 겨울을 감싸갑니다.

선 곱게 새 살 차오르듯
한 코 두 코 짜 올리면서
부드러운 관계를 팽팽한 능선으로
탄력 있게 긴장을 늦추지 않습니다.

가녀린 대바늘로
당신을 꼼꼼히 채워가면서
삶의 빈자리를 하나씩 메워갑니다.

– 「허무 메우기」 전문 –

여기에서는 털실로 스웨터를 짜나가는 가내수공 행위를 인생과 관련하여 입체적 시어로 직조하는 시적 방법을 구사하고 있다. 고달픈 삶속에서 나타나는 온갖 갈등들을 털실로 옷을 짜나가는 해위를 통해서 텅 빈 가슴을 메워가고, 겨울을 감싸 안는다는 발상이 경이롭다.

털실을 대바늘에 꿰어 빈자리에서 오는 허무를 메꾸어 갈 뿐 아니라 '부드러운 관계를 팽팽한 능선으로/ 탄력 있게 긴장을 늦추지 않는다.' 고 토로하고 있다.

여기에서도 원관념과 보조관념 사이의 입체성을 보이고 있다. 여기에서 털실로 뜨개질을 하는 행위는 단순한 가내수공이 아니라 그것은 바로 허무를 메우는 작업이 된다. 그것은 '당신' 으로 대칭되는 어떤 존재부재의 틈을 메워가는 입체적 행위라 하겠다.

아파트 앞마당에서
경비원이 버려진 양심을 쓸어 담는다.
사방팔방 흩어진 양심의 파편들
거리로 나와 뒹굴고 있다.

너덜너덜 걸레로 짓밟히는 것들
버려진 담배꽁초의
이유 없는 반항의 양심까지
아파트를 어지럽히고 있다.

대가 센 양심은 가시를 드러내고
물렁한 것들은 몸을 움츠릴 때
발 빠른 것들은 눈 속에 숨는다.

오늘같이 매서운 날에도
여기저기 널려 있는 양심들
경비원은 계속 쓸어 담는다.
-「버려진 양심」 전문 -

아파트 앞마당에서 버려진 담배꽁초를 쓸어 담는다고 썼다면 시다운 시가 되지 않았을 텐데, 여기에서는 '버려진 양심을 쓸어 담는다' 고 표현했기 때문에 비로소 시의 반열에 오르게 되었다는 점을 반추해 볼 필요가 있겠다.

민병완 시인은 시창작의 방법에 대해서 상당히 고심해온 시인이겠다는 흔적을 볼 수 있다. 시가 설명에 그쳐서는 예술이 될 수 없고, 표현해야 예술작품이 된다는 견해에 입각해서 보게 될 때 이는 실로 다행이 아닐 수 없다.

뒷산 마루 허위허위 넘던 바람
법당 치마 밑 풍경 조심스레 흔든다.
부드러운 그 소리
능소화 이파리 뒤집는다.

가지런한 기와 넘고
허공을 헤엄치는 물고기들
뒤트는 몸짓에 청설모 놀라 도망친다.

어느새 내 몸속으로도 들어와
해탈, 해탈 외친다.

– 「법당을 넘나드는 바람」 전문 –

'법당' 이 종교의 조형물이라면 '바람' 은 자유를 상

장한다. 종교나 문학이나 모두 자유를 희구하지만, 종교에 있어서의 자유는 문학에 있어서의 자유보다는 윤리적이다. 그래서 종교는 영속적으로 갈증을 멈추게 한다. 욕심을 줄이는 대신 미미한 것에도 만족할 수 있기 때문이다.

종교에, 또는 신앙에 심취한 문인은 한줄기 햇빛에도 만족하지만, 종교와 무관한 문인은 그게 쉽지 않다. '뒷산 마루 허위허위 넘던 바람/ 법당 처마 밑 풍경 조심스레 흔든다.' 거나 '부드러운 그 소리/ 능소화 이파리 뒤집는다.' 는 전반부를 보게 될 때 어느 정도의 선풍禪風을 느끼게 된다.

불교의 소양이 깊은 민병완 시인의 경우, 품위나 격조는 아무래도 이 선풍에서 기대를 해야 될 것 같다.

생살 찢는 고통 없이
어찌 꽃을 피우랴
눈물 삼킨 인내 없이
어찌 봄 햇살 바라보랴.

공원 앞뜰엔
길가는 나그네 잡아끌며
푸른 꿈 수놓고 싶은 눈빛
봄의 교향악이 울려 퍼진다.

–「공원 앞뜰에」 중 후반부 –

민병완 시인의 시는 고난을 극복하여 피어낸 꽃이다. 그 꽃의 의지는 그의 어머니에게서 전수한 교양을 밑거름으로 생장한 것으로 보인다. 그는 신의 은총에 감사할 줄 아는 시인이다. 그는 머리말에서 "버거웠던 삶의 짐을 지고 숨 가쁘게 달려왔던 지난날들을 다 내려놓고 이제는 시와의 달콤한 사랑을 속삭이며 인생 이모작을 기경起耕하려 한다"고 토로하고 있다.

그는 시를 사랑하는 동안에 시인이 되었고 시집까지 내게 되었다. 그의 시는 고난을 선량하게 극복하는 동안에 그 탈출구로서 시의 길을 걸었고, 시인의 대열에 들어서게 되었다. 이 시집은 주로 그를 존재하게 한, 그리고 시인으로서 높은 가치를 추구하게 한 어머니에 향하는 효성 사모곡이라 하겠다.

민병완 시집 **허무 메우기**

초판인쇄 2012년 7월 10일
초판발행 2012년 7월 13일
지 은 이 민병완
발 행 인 황송문
펴 낸 곳 문학사계
주 소 서울특별시 영등포구 문래6가 56-1
미주프라자 B1 102호
전 화 070-8845-9759
(010)2561-5773
팩 스 (02)2676-9759
이 메 일 songmoon12@hanmail.net
등 록 2005년 9월 20일
제318-2007-000001호

값 7,000원
ISBN 978-89-93768-24-4 03810

배포처 자유문고 (02)2637-8988